Made in the USA
Middletown, DE
28 January 2022

59893550R00071